Bibliografische Information der Deutschen Nationalbibliothek:

Die Deutsche Nationalbibliothek verzeichnet diese Publikation in der Deutschen Nationalbibliografie. Detaillierte bibliografische Daten sind im Internet über http://dnb.d-nb.de abrufbar.

3 4 5 6 7 E D C B A

Ravensburger Leserabe
Diese Ausgabe enthält die Bände „Der neue Fußball" von Erhard Dietl
mit Illustrationen von Wilfried Gebhard und
„Die Bolzplatz-Bande" von Claudia Ondracek mit Illustrationen von Leopé
© 2004, 2006, Ravensburger Verlag GmbH

© 2018 für diese Sonderausgabe
Ravensburger Verlag GmbH
Postfach 24 60, 88194 Ravensburg

Umschlagbild: Wilfried Gebhard
Konzeption Leserätsel: Dr. Birgitta Redding-Korn
Gestaltung und Satz: bieberbooks
Design Leserätsel: Sabine Reddig

Printed in Germany
ISBN 978-3-473-36542-5

www.ravensburger.de
www.leserabe.de

Erhard Dietl • Claudia Ondracek

Fußballabenteuer zum Lesenlernen

Mit Bildern von Wilfried Gebhard
und Leopé

Ravensburger

Inhalt

Der neue Fußball   9

Die Bolzplatz-Bande   51

Erhard Dietl

Der neue Fußball

Mit Bildern von Wilfried Gebhard

Inhalt

Das Geschenk von Papa 13

Ein Fahrrad und ein Auto 21

Tommi geht ins Tor 27

Gut gemacht, Wolli 35

Das Geschenk von Papa

Das ist Tommi.

Und das ist Tommis Hund.

Er heißt Wolli.

Heute hat Tommi
sein erstes Zeugnis bekommen.
Papa hat ihm dafür
einen tollen Fußball geschenkt.

Tommi will ihn natürlich
gleich ausprobieren.
Er geht zu seinem Papa und fragt:
„Spielst du mit mir Fußball?"

Papa setzt seine Brille auf
und schaltet den Computer an.
Er sagt: „Ich muss noch
einen Brief schreiben.
Frag doch deine Schwester."

Tommi geht ins Zimmer von Ute.
Ute sitzt auf ihrem Bett.
Sie liest in einem Buch
und hört laute Musik.

„Spielst du mit mir Fußball?", ruft Tommi.
Aber Ute hört ihn nicht.
Sie hat ihren Kopfhörer auf.

Tommi hält ihr den Fußball
vor die Nase.
„Stör mich nicht!", sagt Ute. „Lass mich
lesen!"

Tommi klemmt sich den Fußball
unter den Arm.
Er läuft die Treppe hinunter zur Haustür.
Wolli saust hinterher.

Da kommt Mama.
Sie hat gerade auf dem Balkon
die Blumen gegossen.
„Nimm die Leine mit, Tommi!",
ruft Mama.

Doch Tommi hört sie nicht.
Er ist schon draußen.
Ohne Leine!

Ein Fahrrad und ein Auto

Er läuft mit Wolli den Weg entlang.
Da treffen sie Max.
Max kniet auf dem Gehsteig
und repariert sein Fahrrad.

„Spielst du mit mir Fußball?",
fragt Tommi.
„Ich muss erst den Reifen flicken",
sagt Max.

Neugierig schnüffelt Wolli
an der Tasche
mit dem Werkzeug herum.

Dann nimmt er den Schraubenzieher
zwischen die Zähne.
„Pfui, Wolli!", sagt Tommi.
„Gib das her!
Das ist doch kein Knochen!"

„Tschüss!", sagt Tommi und läuft weiter.
Er schießt den Fußball
gegen eine Mauer.
Wolli läuft dem Ball nach
und wedelt mit dem Schwanz.

Da rollt der Ball auf die Straße.
Wolli flitzt hinterher.
„Bleib da!", schreit Tommi.

Ein Auto kann gerade noch bremsen.
Der Mann im Auto schimpft:
„Nimm doch deinen Köter an die Leine!"

Tommi klopft das Herz bis zum Hals.
Er fasst Wolli am Halsband
und zieht ihn von der Straße weg.

Tommi geht ins Tor

Tommi und Wolli laufen zur Wiese.
Dort lassen Tina und Uwe
gerade ihre Drachen steigen.

„Spielt ihr mit mir Fußball?",
fragt Tommi sie.

„Später", sagt Uwe.

„Jetzt nicht", sagt Tina.

„Wir haben so tollen Wind!"

Tommi schießt seinen Fußball
über die Wiese.
Der Fußball rollt bis zur Wippe.
Wolli springt ihm nach.

Auf der Wippe sitzen
Lisa und Heike.
Wolli läuft auf Lisa zu
und leckt ihr die Hände ab.

„Du bist aber süß!", sagt Lisa.
Sie streichelt Wolli das Fell
und krault ihn hinter den Ohren.

„Spielt ihr mit mir Fußball?",
fragt Tommi.
„Zu dritt ist es aber langweilig!",
sagt Heike.

„Ist es gar nicht!", sagt Tommi.
„Ich stelle mich zwischen die Bäume.
Das ist das Tor. Ich bin der Torwart
und ihr dürft schießen!"

„Aber wir dürfen auch mit den Händen werfen!", meint Lisa.
„Nein! Wir spielen doch Fußball!
Es gilt nur mit dem Fuß!", erklärt Tommi.

„Ich will als Erste schießen!", ruft Heike.
Sie legt den Fußball auf den Boden und läuft an.
„Geh aus dem Weg, Wolli!", ruft Tommi.

Heike knallt den Fußball
an Tommi vorbei ins Tor.
Tommi wirft sich zu spät ins Gras.

„Tor!", rufen Lisa und Heike
und reißen die Arme hoch.

Tommi will seinen Fußball holen.
Da kommt Max über die Wiese geradelt.
Max schnappt sich den Fußball
und fährt mit ihm davon.

Gut gemacht, Wolli

„Fang mich doch!", ruft Max Tommi zu.
„Du kriegst mich nicht, du lahmer Wicht!"
„Gib den Ball her, freches Ei!"
ruft Tommi.

Er läuft Max nach.
Doch Max ist schnell wie der Blitz.
„Lahme Ente!", ruft Max.

Er radelt im Kreis herum.
Tommi rennt, so schnell er kann,
aber er kann Max nicht einholen.

„Gib den Ball her!",
rufen Heike und Lisa.
Auch Wolli saust jetzt hinter Max her.

Er bellt laut und will Max
in die Hose zwicken.
„Hau ab, du kleines Monster!", ruft Max.
Er tritt mit dem Fuß nach Wolli.
Dabei verliert er seinen linken Schuh.

Wolli schnappt sich den Schuh
und bringt ihn zu Tommi.
„Guter Hund!", sagt Tommi
und tätschelt Wolli den Bauch.

Max hält an und steigt vom Fahrrad.
„Darf ich meinen Schuh wiederhaben?",
fragt er.

„Du darfst ihn gegen den Ball eintauschen", sagt Tommi und grinst.
„Na gut!", sagt Max
und gibt Tommi den Ball.

„Darf ich mit euch Fußball spielen?", fragt Max.

Da kommen auch noch Tina und Uwe über die Wiese gelaufen.
Der Wind hat aufgehört.
Jetzt wollen ihre Drachen nicht mehr fliegen.

„Wir spielen auch mit!", rufen sie.
„Spitze!", sagt Tommi.
„Dann sind wir drei gegen drei!"

Tommi will mit Uwe und Lisa spielen.
Und Heike spielt mit Tina und Max.

„Wolli macht den Schiedsrichter",
sagt Lisa. Sie streichelt Wolli das Fell.

„Er hat zwar keine Pfeife, aber er kann bestimmt prima bellen!", sagt Uwe.

„Nein, Wolli stört uns", sagt Max.
„Er läuft uns nur zwischen die Beine!"

„Quatsch", sagt Tommi.
Er führt Wolli am Halsband zum Baum.
„Wolli! Sitz! Platz!", befiehlt Tommi.
Wolli spitzt die Ohren und legt sich folgsam ins Gras.

„Alles klar!", ruft Tommi
und schnappt sich den Ball.
„Jetzt kann's losgehen!
Ich hab Anstoß!"

Claudia Ondracek

Die Bolzplatz-Bande

Mit Bildern von Leopé

Inhalt

Von wegen Taktik! 54

Rache stinkt! 63

Die Turbo 6 72

Wichtige Wörter beim Fußball 88

Von wegen Taktik!

Endlich Pause!
Die „Turbo 5" stürmen
in den Schulhof.

Die Turbo 5 sind:

Maya

Max

Leon

Juri

Lea

Sie kicken sofort los:
mit einem Tennisball!
Mit einem Fußball kann das ja jeder!

Nur ins Tor will keiner.
Die fünf lassen lieber
den Ball tanzen.
Jeder spielt gegen jeden.

Maya schlägt einen Haken um Max
und schießt …

Der Ball prallt neben dem Tor ab.
„Daneben", ruft Juri und grinst.
„Der Schuss war aber gut",
sagt jemand.

Alle drehen sich um.
Das ist Jan, der Neue in der Klasse.
„Hier, euer Ball", meint er zögernd.
„Spiel doch mit", ruft Maya ihm zu.
„Wir kämpfen Mann gegen Mann."

Jan luchst Max sofort den Ball ab.
Er täuscht nach rechts an
und zieht links an Lea und Maya vorbei.
Schon hat er freie Bahn
und knallt den Ball ins Tor.

„Du hast es aber drauf", schnauft Maya.
Da hat Jan den Ball schon wieder.

Leon und Maya kleben ihm
an den Fersen.
Im Lauf legt er sich den Ball
zum Schuss vor – und trifft!

„Zwei Alleingänge reichen", mault Leon.
„Lass uns auch noch mitspielen!"

„Tja, Profis hängen euch Bolzplatz-Spieler
eben leicht ab", schallt es vom Rand.
Da stehen Jakob und Tim.
Die spielen im Fußballklub Friedenau.

„Deine Technik ist echt gut",
sagt Jakob zu Jan.
„Setz die doch lieber
bei richtigen Fußballern ein!"

„Technik kann jeder lernen!",
meint Jan.

„Wir brauchen aber keinen Trainer",
zischt Leon. „Wir wollen nur kicken!"
„Und wenn dir das nicht reicht",
fügt Maya hinzu,
„dann spiel bei den Lackaffen da mit!"

Die Fußballer lachen laut auf
und ziehen Jan mit sich fort.

Rache stinkt!

Schweigend sitzt die Bolzplatz-Bande
am Nachmittag in ihrem Versteck:
hinter dem Ziegenstall im Tierpark.
Den Tierpark leitet Leas Vater.

Hier sind die fünf immer ungestört.
Und ungestört müssen sie sein,
wenn sie Pläne schmieden –
Rachepläne!

„Diese Lackaffen in Fußballschuhen",
schimpft Maya wütend und wirft
einen Stein in die Pfütze.
Platsch – die Wand des Stalls ist
über und über mit Schlamm bespritzt.

„Ich hab's", ruft Lea da.
„Wir verteilen Ziegenkötel
auf dem Fußballplatz!
Wie wohl braun gefleckte Fußballer
aussehen?"

„Super Idee", rufen die anderen
und sammeln Tüten voller Ziegenkötel.

Am späten Nachmittag
schleichen die fünf zum Fußballplatz.

Kichernd werfen sie die Kötel
kreuz und quer über den Rasen.

Doch am Ausgang
versperren ihnen Jakob, Tim
und drei weitere Fußballer den Weg.
„Was habt ihr auf dem Platz verteilt?",
zischt Jakob und reißt
Maya die Tüte aus der Hand.

„Igitt", ruft Jakob
und hält sich die Nase zu.

„Sammelt das sofort wieder auf",
sagt Tim drohend.
„Wir wollen morgen hier spielen!"

„Dann spielt doch!", erwidert Leon.
„Oder fallt ihr Profis so oft hin,
dass ihr Angst habt,
euch dreckig zu machen?"
„Mit Fußballschuhen rutscht keiner aus",
meint Jakob scharf. „Ohne aber schon!"

Dann guckt er in die Runde.
„Mal sehen, wer sich dreckig macht:
Wir fünf spielen morgen Nachmittag –
und zwar gegen euch.
Wer verliert, muss den Platz säubern!"
Die Turbo 5 nicken.

Die Turbo 6

Als die Turbo 5
zum Fußballplatz kommen,
sind die Fußballer schon da.
Sie machen sich warm …

„Jetzt fegen wir euch vom Platz",
rufen die Fußballer.

„Angeber", zischt Maya
und zieht ihre Turnschuhe an.
„Euch zeigen wir's!"

„Ihr fangt an", sagt Jakob und legt
den Ball auf den Anstoßpunkt.

Lea passt den Ball zu Max.
Der stürmt los und zielt …

Doch der Torwart hält den Ball.

Die Fußballer starten einen Gegenangriff und lassen den Ball sicher von Mann zu Mann laufen.

Als Leon versucht,
den Ball zu kriegen,
rutscht er ins Leere.
„Mist", flucht er und wischt sich
einen Ziegenkötel vom T-Shirt.

Da schießt Jakob
wie ein Pfeil aufs Tor zu …

… und knallt den Ball
an Juri vorbei ins Netz.
„1:0", jubeln die Fußballer.

Die Turbo 5 kämpfen verbissen.
Aber die Schüsse von Torjäger Jakob
kann Juri einfach nicht halten.

So steht es zur Halbzeit 1:4.
Die Turbo 5 lassen sich ins Gras fallen.
„Gebt ihr etwa schon auf?",
fragen die Fußballer grinsend.
„Siege soll man nie zu früh feiern",
sagt da plötzlich jemand.

Es ist Jan.
„Was machst du denn hier?",
fragt Maya keuchend.
„Zuschauen", entgegnet Jan.
„Tipps wollt ihr ja nicht!"
„Die würden auch nichts nützen",
meint Jakob.
„Sei dir da nicht so sicher", sagt Jan.

Die Fußballer ziehen lachend ab.
Die Turbo 5 schweigen betreten.

„Was für Tipps hast du denn?",
fragt Lea in die Stille.
Da legt Jan los.

Schwachen Fuß umlaufen

Schnell passen

Besser freilaufen

Gegner tunneln

„Woher weißt du das alles?",
fragt Maya erstaunt.
„Ich hab in einem Verein gespielt",
sagt Jan. „Als Torwart!"

„Das ist unsere Rettung", ruft Juri.
„Gehst du ins Tor?
Wir wechseln uns untereinander ab!"

Die Turbo 5 starren gebannt auf Jan.
Der grinst und nickt:
„Los, den Lackaffen zeigen wir's!"

Schon den ersten Schuss hält Jan.
Jakob flucht: „Wartet nur!"

„Auf was denn?", fragt Jan
und schießt den Ball weit nach vorn.
Jakob sprintet hinterher, stolpert –
und landet in einem Ziegenkötel.
„Ich dachte, mit Fußballschuhen
fällt man nicht hin!", ruft Juri.

Er nimmt den Ball im Lauf
und spielt eine Flanke vors Tor.
Maya köpft den Ball ins Netz.
„Super", brüllt Jan. „Weiter so!"
Er gibt vom Tor aus Tipps.

Die vier Spieler
geben alles.
Und Jan fliegt im Tor hin und her.

Bald steht es 4:4.
Da ruft Lea vom Rand: „Spiel-Ende!"
Die Turbo 5 fallen sich in die Arme.
Sie lassen Jan hochleben.

„Ab jetzt sind wir die Turbo 6",
meint Juri. „Mit den Tipps von Jan
besiegen wir die Fußballer noch!"

„Das werden wir ja sehen",
sagt Jakob und grinst.
„Für Bolzplatz-Spieler
habt ihr euch aber
echt gut geschlagen …"

„… und ihr Profis seid doch ganz schön dreckig geworden", meint Leon. Alle lachen.

„Los, jetzt sammeln wir die Ziegenkötel auf", schlägt Tim vor. „Sonst können wir morgen nicht gegeneinander spielen!"

Wichtige Wörter beim Fußball

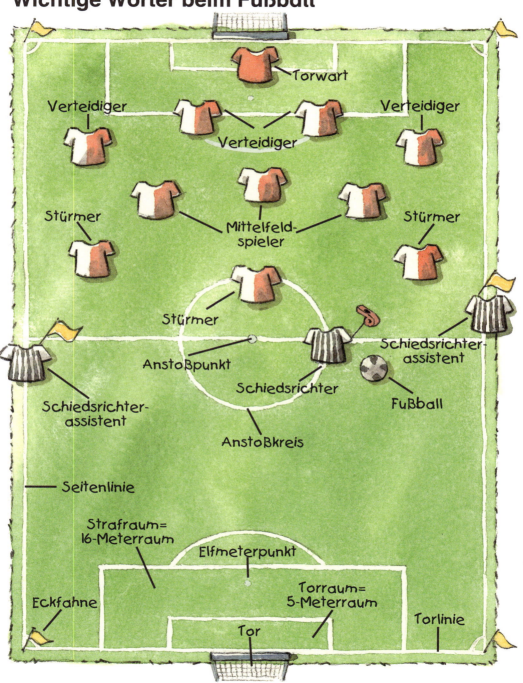

Abwehr:	Spieler, die die Angriffe des Gegners abwehren (= Verteidiger).
Angriff:	Spieler, die vor dem gegnerischen Tor spielen und Tore schießen sollen (= Stürmer).
Anstoß:	Anspiel des Balls bei Spielbeginn, nach einem Tor oder nach der Pause.
Dribbeln:	Den Ball nah am Fuß durch kurze Stöße vorantreiben.
Elfmeter:	Strafstoß nach einem Regelverstoß im Strafraum.
Flanke:	Flugball von der Seite des Spielfelds.
Foul:	Regelwidriges Verhalten, das mit Frei- bzw. Strafstoß (= Elfmeter) und/oder gelber bzw. roter Karte bestraft wird.
Freistoß:	Anspiel des Balls nach einem Regelverstoß.
Gelbe Karte:	Verwarnung bei Regelverstößen.
Halbzeit:	Ein Spiel besteht aus zwei Halbzeiten von je 45 Minuten mit einer Halbzeitpause dazwischen.
Pass:	Den Ball einem Mitspieler gezielt zuspielen.
Rote Karte:	Platzverweis bei schwerem Regelverstoß oder wenn ein Spieler bereits eine gelbe Karte hatte. Sie zieht eine Spielsperre nach sich.

Leserabe Leserätsel

Rätsel 1

Der neue Fußball

Welches Wort stimmt? Kreuze an!

Tommis Hund heißt
- ○ Willi
- ○ Wolli
- ○ Wulli

Max flickt seinen
- ○ Ring
- ○ Rüssel
- ○ Reifen

Tommi und Wolli laufen zur
- ○ Wiese
- ○ Wache
- ○ Wand

Rätsel 2

Der neue Fußball

Findest du die richtige Seite? Trage die Zahl ein!

Auf Seite ____ steht ein Mal **Musik**.

Auf Seite ____ steht ein Mal **Gehsteig**.

Auf Seite ____ steht ein Mal **Torwart**.

Die Bolzplatz-Bande
Welche Buchstaben fehlen im Raster?
Fülle die Kästchen aus!
Schreibe Großbuchstaben:
Ball ➔ BALL

Rätsel 3

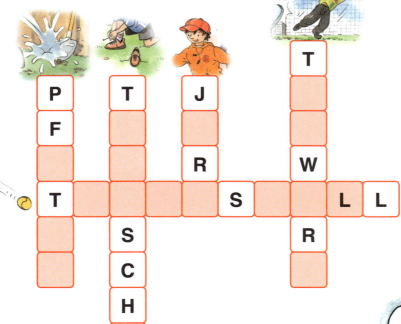

Lösungen
Rätsel 1: Wolli, Reifen, Wiese
Rätsel 2: 16, 21, 31
Rätsel 3: Pfütze, Tennisball, Turnschuh, Juri, Torwart

Rätsel 4

Die Bolzplatz-Bande

Fülle die Lücken aus. Trage die Buchstaben in die richtigen Kästchen ein. So findest du das Lösungswort für die Rabenpost heraus!

Die Turbo 5 kämpft Mann gegen

☐ ☐₃ ☐ N . (Seite 57)

Die Bolzplatz-Bande trifft sich im

☐ I E ☐ ☐ ☐ ☐ ☐ A ☐₆ ☐₅ . (Seite 63)

Wer verliert, muss den Platz

☐ Ä ☐₁ ☐₇ ☐ ☐ N . (Seite 71)

Es steht 1:4 in der

H ☐ ☐₄ ☐₂ ☐ E I ☐ . (Seite 78)

F ☐₁ ß ☐₂ ☐₃ ☐₄ ☐₅ C ☐₆ U ☐₇

Rabenpost

Bitte frage deine Eltern!*

Herzlichen Glückwunsch!

Du hast das ganze Buch geschafft und die Rätsel gelöst, super!!!

Jetzt ist es Zeit für die Rabenpost.
Wenn du das Lösungswort herausgefunden hast, kannst du tolle Preise gewinnen, aber bitte frage vorher deine Eltern, ob du mitmachen darfst!

Das Lösungswort kannst du auf der Website eingeben: ▶ www.leserabe.de

oder mail es uns: ▶ leserabe@ravensburger.de

oder schick es mit der Post an:

Lösungswort:

An
den LESERABEN
RABENPOST
Postfach 2007
88190 Ravensburg
Deutschland

* Wir verwenden die Daten der Einsender nur für das Gewinnspiel und nicht für weitere Zwecke. Alle weiteren Informationen zum Datenschutz und über unser Gewinnspiel findet ihr unter www.leserabe.de.

Lesen lernen mit Spaß!

Das Lesestufenmodell

Darauf fliegen Ihre Kinder!

Im Alter zwischen 5 und 9 Jahren passiert in der Entwicklung eines Kindes hinsichtlich ihrer Vorlieben, Sehgewohnheiten und Bedürfnissen eine Menge! Auch der Leselern-Prozess ist sehr differenziert. Deshalb orientiert sich jede Lesestufe an den individuellen Bedürfnissen ihrer Leser.